우당탕탕!
우리 동네
법 대장
나준수가
간다!

이 책은 한국법교육센터의
'법 체험 교육 프로그램'을 바탕으로 했습니다.

교과서 개념 잡는 초등 사회그림책

법과 우리 생활

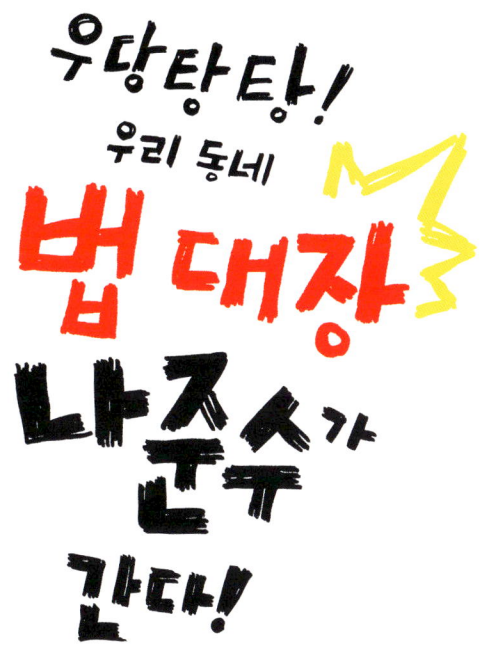
우당탕탕! 우리 동네 **법 대장** 나준수가 간다!

글 한국법교육센터 · 그림 임광희

가나출판사

차례

좀 뛰면 어때서? · 6

평화롭게 어울려 살기 위해
규칙과 법이 필요해요 · 11

법과 도덕은 달라요 · 12

도로에서 지켜야 하는 법 · 14

동네 곳곳에 법이 숨어 있어요 · 16

법은 동물의 생명도 소중히 여겨요 · 18

401호 층간 소음 사건 · 20

사람들 사이의 다툼을 해결하는 법 · 23

법은 우리를 지켜 주는 힘 · 24

벌을 줄 때도 법이 필요해요 · 28

내 도미노를 왜 건드려? · 32

도미노 사건 모의재판 · 34

놀이터 안전사고 · 36

국회에서 법을 만드는 과정 · 38

헌법이 지켜 주는 국민이 행복할 권리 · 40

누릴 수 있는 권리, 지켜야 할 의무 · 42

누구나 존중받으며 살 권리, 인권 · 44

친구를 아프게 하는 학교 폭력 · 46

우리 동네 법 대장, 나준수 · 48

교과서 개념을 다지는 단계별 워크북이 들어 있어요.

재미있게 풀고 알차게 공부하는
법과 우리 생활 워크북 · 50

워크북 정답 · 62

이사는 내가 살고
싶은 곳으로!

초등 교과서의
핵심 개념을 담았습니다.

1학년 1학기 봄
- 학교에 가면
  우리들은 1학년
  학교 가는 길
  친구야, 안녕

1학년 2학기 가을
- 내 이웃 이야기
  놀이터에서 만난 이웃

2학년 2학기 가을
- 동네 한 바퀴
  동네를 탐험해요
  동네 모습을 그려요
  우리 동네 한 바퀴

4학년 2학기 사회
3. 사회 변화와 문화의 다양성
② 다양한 문화에 대한 이해와 존중

6학년 2학기 사회
3. 인권 존중과 정의로운 사회
① 인권을 존중하는 삶
② 법의 의미와 역할
③ 헌법과 인권 보장

좀 뛰면 어때서?

"으아, 다다다다!"
준수는 영재를 피해 복도를 내달렸어요.
슈퍼맨이 된 것처럼 붕붕 날았지요.
"야! 거기 서!"
영재도 뒤따라 날아왔어요.
"어어어!"
갑자기 준수가 놀란 표정으로 멈추었어요.
"나준수! 반영재! 선생님이 복도에서 뛰지 말랬지!"
선생님한테 딱 걸렸지 뭐예요.
준수와 영재는 풀이 죽은 목소리로 대답했어요.
"네."

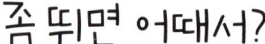

선생님이 눈꼬리를 살짝 올리며 말했어요.
"둘 다 내일까지 반성문 써 와. 알았지?"
'다른 애들도 다 뛰는데…….
에이, 이 정도로 반성문을 써야 하다니.
아, 어떻게 쓰지?'
준수는 투덜투덜하며 집으로 갔어요.

준수가 반성문을 쓸 종이를 펼쳐 놓고 끙끙대고 있을 때였어요.
"준수야, 고모 왔다!"
말이 끝나기도 전에 준수는 밖으로 뛰어나왔어요.
혜수가 먼저 고모한테 안기며 소리쳤지요.
"고모! 축하해요!"
오랜 공부 끝에 고모는 변호사가 되었거든요.

"짜잔! 오늘 나온 따끈따끈한 명함입니다."
고모가 법률 회사 명함을 내밀었어요.
"어머나, 멋져요! 변호사 나정의!"
명함을 보던 엄마가 갑자기 준수를 째려보았어요.
"나준수! 넌 고모 좀 닮으면 안 되니? 맨날 반성문이나 쓰고 있으니, 원.
아가씨, 준수가 글쎄……."
엄마는 고모에게 학교 일을 몽땅 얘기했어요.
준수는 볼멘소리로 중얼거렸어요.
"난 복도에서 뛰어도 안 다치는데…….
세상엔 규칙이 너무 많아요. 이것도 안 된다, 저것도 안 된다."

고모가 준수를 보며 물었어요.
"만약 복도나 교실에서 뛰지 말라는 규칙이 없으면 어떨까?"
"엄청 신날 것 같은데요?"
"정말 그럴까?
반 친구들 모두가 마구 뛰어다니면 어떻게 될까?"
준수는 금방 답을 할 수가 없었어요.
모두가 뛰어다니는 걸 상상하니 머리가 어지러웠거든요.
"불편하더라도 규칙이 있어야 질서가 생기고
안전하게 생활할 수 있는 거야."

평화롭게 어울려 살기 위해 규칙과 법이 필요해요

법과 도덕은 달라요

"에이, 고모! 내가 이래 봬도 법은 잘 지켜요.
오늘 운동장에서 어떤 애가 넘어져 울고 있길래
양호실에 데려다줬다고요!"
준수가 으스대며 말했어요.
고모가 준수의 머리를 쓰다듬었어요.
"준수가 법과 도덕의 차이를 잘 모르는구나.
네가 한 착한 행동은 법을 잘 지킨 게 아니라
도덕적인 행동을 한 거야."

법이란? 법은 사람들이 다 함께 지키자고 정한 규칙이에요.
나라는 사람들이 법을 잘 지키도록 관리하고, 어기면 벌을 주어요.

> 이봐요, 요금 안 내고 타면 벌금 내는 거 몰라요?

> 아, 낼게요.

> 법을 지키지 않으면 벌을 받게 돼.

도덕이란? 도덕은 사람들이 양심에 따라 스스로 지키는 거예요.

> 할머니, 여기 앉으세요.

> 아유, 고맙기도 해라.

> 도덕을 지키지 않더라도 벌을 받지는 않아. 하지만 여럿이 어울려 사는 사회에서는 도덕이 꼭 필요해.

동네 곳곳에 법이 숨어 있어요

"도로뿐만 아니라 우리 동네 곳곳에서도 다양한 법을 만날 수 있어."
"정말요?"
준수는 별 생각 없이 지나치던 장소에
어떤 법이 숨어 있는지 궁금했어요.

법은 동물의 생명도 소중히 여겨요

큰길을 지나 골목으로 들어섰을 때였어요.
강아지 한 마리가 졸졸 따라왔어요.
"강아지야, 이리 와."
준수의 손짓에 강아지가 꼬리를 흔들며 왔어요.
다리를 절룩거리면서요.
"고모, 강아지가 다리를 다쳤나 봐요."
"그러네, 일단 동물 병원부터 데려가자."
고모와 준수, 혜수는 얼른 가까운 동물 병원으로 갔어요.
의사 선생님이 한참 동안 강아지를 진찰했어요.
"다리가 부러진 데다 오랫동안 굶은 것 같아요.
아무래도 버려진 강아지 같은데요?"
"치료비는 제가 낼 테니 잘 치료해 주세요."
고모는 강아지를 동물 병원에 입원시켰어요.

우리나라에는 동물보호법이 있어요.

동물을 보호하고 안전하게 관리하기 위해 만든 법이지요.

401호 층간 소음 사건

강아지를 병원에 맡기고 집에 오자 아빠가 이웃집 소식을 전해 주었어요.
"301호 어르신이 401호 때문에 화가 단단히 나셨나 봐. 소송을 하신대.
조용히 해 달라고 아무리 얘기를 해도 소용이 없어서, 결국 소송까지 가게 된 거지."
엄마가 저녁 준비를 하며 거들었어요.
"401호 쌍둥이가 좀 극성스럽긴 해요.
그래도 이웃 간에 소송은 좀 그렇지."
엄마 말이 끝나길 기다렸다 준수가 물었어요.

"고모, 소송이 뭐예요?"
"응, 소송은 사람들 사이에 다툼이 있을 때 법에 해결을 맡기는 거야.
법을 통해 다툼을 조정하는 거지.
301호 할아버지가 401호 사람들에게 소송을 한다면 아마 이런 일이 벌어지겠지."

며칠 뒤, 준수와 아빠는 엘리베이터에서 301호 할아버지를 만났어요.
"할아버지, 안녕하세요? 혹시 401호 사람들 상대로 소송하셨어요?"
"응? 네가 소송이란 말도 아냐? 허허허. 그거 안 하기로 했다."
"정말요?"
"401호 사람들이 다 같이 와서는 죄송하다고 앞으로 조심하겠다더라.
이웃끼리 법보다는 대화로 해결하는 게 좋지. 허허허!"
기분 좋은 할아버지를 보니 준수도 기뻤어요.

법은 우리를 지켜 주는 힘

준수가 혜수랑 놀이터에서 놀고 있을 때였어요.
영재가 새로 산 자전거를 자랑했어요.
"준수야, 내 자전거 멋지지? 너도 타 볼래?"
"정말? 타도 돼?"
준수는 신이 나서 자전거에 올라탔어요.
"혜수야, 오빠 올 때까지 모래 놀이 하고 있어."

준수가 놀이터를 몇 바퀴 돌고 왔을 때였어요.
혜수가 낯선 아저씨와 이야기를 하고 있지 뭐예요.
"정말 아저씨 집에 가면 병아리 말고 토끼도 있어요?"
"그럼, 강아지도 많단다."
준수는 얼른 뛰어가 혜수 손을 잡아끌었어요.
"혜수야, 엄마가 빨리 오래. 맛있는 간식 해 놓으셨대."
"정말? 뭐?"
혜수가 빠른 걸음으로 준수를 쫓았어요.

삐악~
삐악삐악

낯선 사람을 따라가려고 하면 어떡해?

난 그냥 병아리가 궁금해서……

준수는 집에 돌아와 놀이터에서 있었던 일을 말했어요.
"큰일 날 뻔했구나. 준수야, 동생 혼자 두면 안 돼.
혜수도 조심하고."
엄마가 걱정 가득한 표정으로 둘을 바라보았어요.
"네. 그런데 나쁜 아저씨 같지는 않았어요."
혜수의 말에 준수가 나섰어요.
"우리 선생님이 그러셨는데,
정말 착한 얼굴로 나쁜 범죄를 저지른 사람도 많대."
"준수 말이 맞아. 겉으로 봐서는
알 수 없으니까 조심해야 해."
고모가 혜수에게 거듭거듭 말했지요.

친절한 얼굴로 나쁜 일을 벌이는 사람도 많대요.

우리의 안전을 지켜 주는 법

우리는 뜻하지 않게 범죄에 노출될 수 있어요.
남을 때리는 것,

겁을 주는 것,

물건을 훔치는 것,

불을 지르는 것,

벌을 줄 때도 법이 필요해요

"내가 만약 초능력을 갖게 되면요, 나쁜 사람들을 혼내 줄 거예요."
준수가 힘센맨 마스크를 쓰고 주먹을 불끈 쥐었어요.
"아빠도 준수만 할 땐 그런 상상을 많이 했지.
사실은 지금도 가끔 해, 하하하."
아빠가 슈퍼맨처럼 나는 흉내를 냈지요.
"음, 나도 어릴 때 꿈이 울트라걸이었는데…….
나쁜 악당, 널 용서하지 않겠다!"
고모가 장난기 가득한 표정으로
만화 주인공 흉내를 내자 다들 웃음을 터뜨렸어요.

"그런데 준수야, 나쁜 사람을 혼내 주는 상상은 마음껏 해도 좋아.
하지만 사람들이 직접 혼내 주겠다고 나서면 사회는 큰 혼란에 빠지게 돼."

고모가 차근차근 설명했어요.
"나쁜 죄를 지으면, 개인이 벌을 주는 것이 아니라
재판을 통해서 벌을 내려야 해.
재판에서는 판사가 법을 기준으로 옳고 그름을 가려."
준수는 판사가 되어 벌을 내리는 상상을 해 보았어요.

배심원 회의 결과 피고인은 유죄입니다.

배심원
피고인은 배심원이 참여하는
재판을 신청할 수 있어요.
일반 국민 중에서 선정된
배심원이 재판을 지켜보고,
피고인에게 죄가 있는지
없는지 결정해요.
판사는 이 결정을 참고하여
판결을 내리지요.

재판을 하는 법정의 모습

법정은 법원에서
재판을 하는 곳이에요.

판사님, 범죄를
저지른 피고인에게
무거운 벌을
주십시오.

검사
피고인이 법을 어겼으니
벌을 받아야 한다고 주장해요.

내 도미노를 왜 건드려?

준수네 집에 친구 승민이, 영재, 지유가 놀러 왔어요.
준수랑 승민이가 한편, 영재랑 지유가 한편이 되어
도미노 놀이를 했어요.
"여기서 저기까지 먼저 도미노를 세우는 편이 이기는 거다.
진 편은 엉덩이로 자기 이름 쓰기!"
준수가 제안하자 다들 찬성했어요.
준수, 승민이 편은 차분하게 도미노를 세워 나갔어요.
그런데 영재, 지유 편은 자꾸 도미노를 쓰러뜨려 애를 먹고 있었지요.
지기 싫어하는 영재가 팔꿈치로 슬쩍 건드려
준수, 승민이 편 도미노가 무너졌어요.

"무슨 짓이야! 너 일부러 그런 거지!"
승민이가 소리치자 영재가 대꾸했어요.
"실수한 걸 가지고 왜 소리를 실러! 이 목소리만 큰 땅꼬마야!"
땅꼬마라는 놀림에 화가 난 승민이가 영재의 팔을 깨물었어요.
"아야!"
영재의 비명에 방에 있던 고모와 혜수가 뛰어나왔어요.
"얘들아, 무슨 일이니?"
고모가 묻자 준수와 친구들은 서로 얘기를 하느라 난리였어요.
"음, 그랬구나. 그런데 얘들아, 좀 더 공정한 판단을
하기 위해 우리 모의재판을 해 볼까?"
"좋아요!"

놀이터 안전사고

모의재판을 마치고 준수는 친구들과 함께 우르르 놀이터로 몰려 나갔어요.
"술래잡기 하자!"
가위, 바위, 보로 술래를 정했어요.
"준수가 술래다!"
아이들이 준수를 피해 달아나기 시작했어요.
준수는 달리기를 가장 못하는 지유를 잡기로 했지요.
지유는 미끄럼틀을 지나 출렁다리 위로 내달렸어요.
준수는 있는 힘을 다해 쫓았지요.
준수가 막 출렁다리로 올라가려 할 때였어요.
"엄마야!"
지유의 비명과 함께 출렁다리가 풀썩 내려앉았어요.

지유는 그대로 땅에 떨어졌지요.
근처에 있던 어른들이 달려왔어요.
금세 구급차가 왔고, 지유는 병원으로 실려 갔어요.
다행히 지유는 놀라기만 했을 뿐 다치지는 않았어요.
소식을 듣고 고보가 엄마한테 제안했어요.
"이번 기회에 주민들이 뜻을 모아서
놀이터 안전사고를 예방하는 법을 만들어 달라고 하면 어때요?"
엄마가 대찬성이라며 손뼉을 쳤어요.

"법은 누가 만들지?"

법은 국회에서 국회의원들이 만들어요.

국민은 자신의 의견을 반영해 법을 만들 국회의원을 선거를 통해 직접 뽑아요.

국민을 대표할 사람을 뽑는 선거는 아주 중요한 제도이지요.

국회에서 법을 만드는 과정

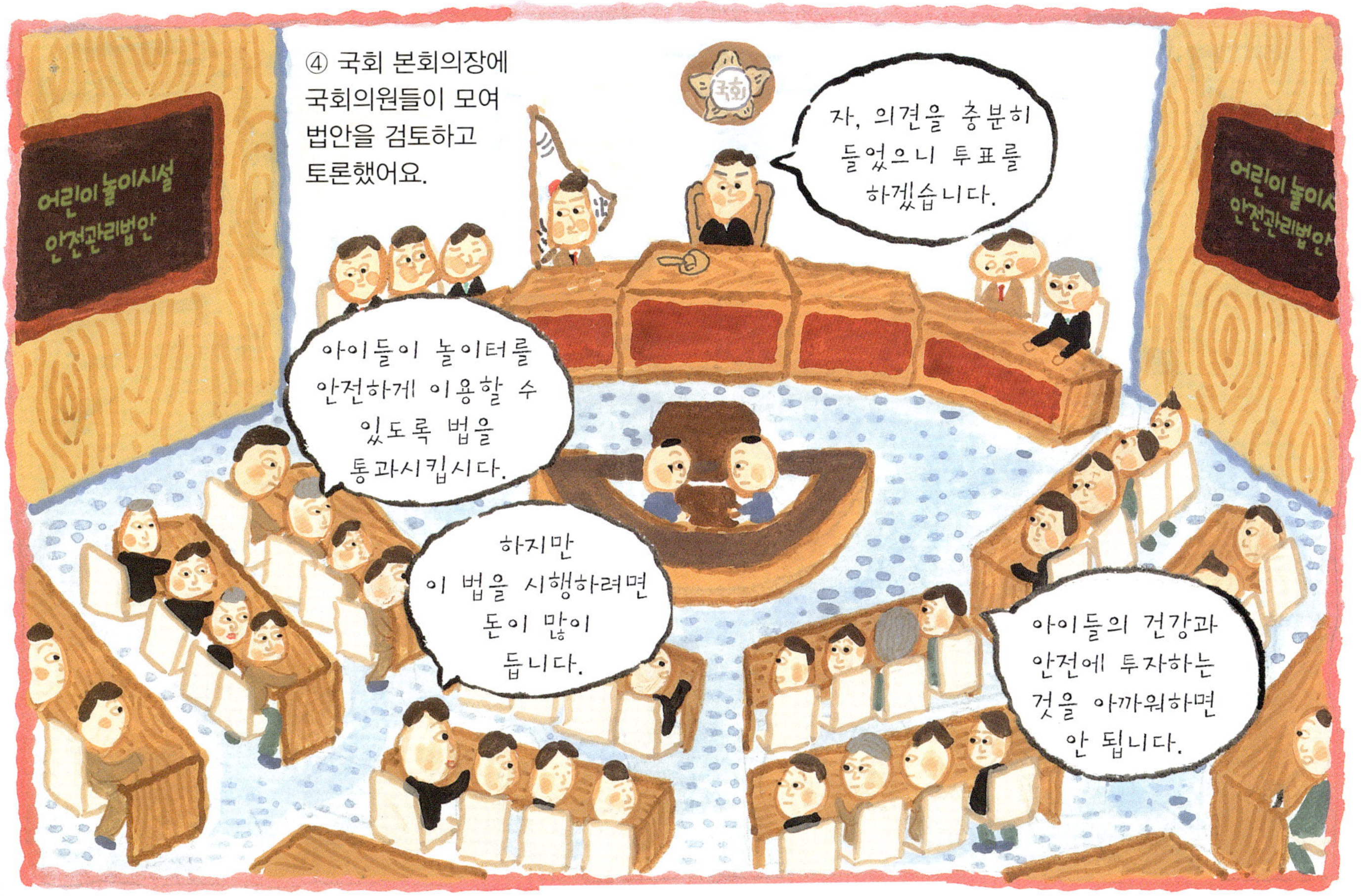
어린이 놀이시설 안전관리법안
자, 의견을 충분히 들었으니 투표를 하겠습니다.
아이들이 놀이터를 안전하게 이용할 수 있도록 법을 통과시킵시다.
하지만 이 법을 시행하려면 돈이 많이 듭니다.
아이들의 건강과 안전에 투자하는 것을 아까워하면 안 됩니다.

④ 국회 본회의장에 국회의원들이 모여 법안을 검토하고 토론했어요.

탕 탕 탕

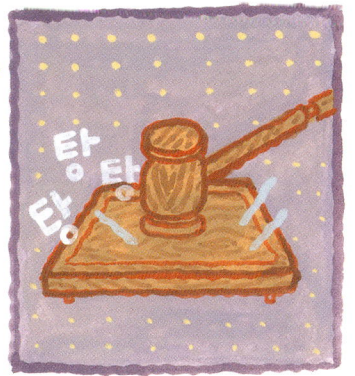

⑤ 국회의원 절반 이상이 참석하고, 그중 절반 이상이 찬성해서 '어린이놀이시설 안전관리법안'이 통과되었어요.

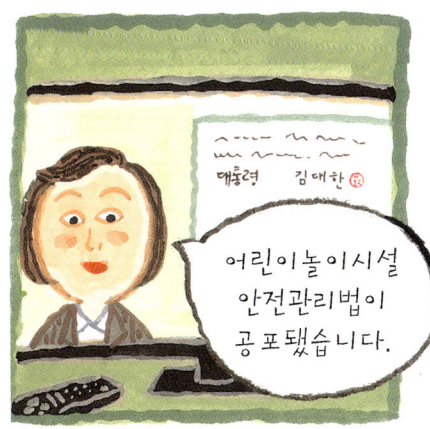

대통령 김대한
어린이놀이시설 안전관리법이 공포됐습니다.

⑥ 국회가 통과시킨 법안을 대통령이 공포해 널리 알려요. 이로써 새 법이 만들어졌어요.

어린이놀이시설 안전관리법

놀이터에서 안전사고가 일어나지 않게 하려고 만든 법이에요.
이 법에 따라 놀이터를 새로 만들면 어린이가 안전하게 이용할 수 있는지 검사를 받아야 해요. 또한 일정한 기간마다 검사를 받아야 해요.

헌법이 지켜 주는 국민이 행복할 권리

다음 날, 준수는 지유가 괜찮은지 궁금해서 일찍 학교에 갔어요.
교실이 웅성웅성 소란스러웠어요. 심봉희 주변에 아이들이 모여 있었지요.
"얘들아, 오늘부터 내 이름은 심유나야. 꼭 유나라고 불러 줘."
사실 봉희는 이름 때문에 '심봉사'라고 놀림을 받았거든요.
"이름을 바꿀 수 있어? 그럼, 난 영재 대신 천재로 바꿀래."
영재의 말에 봉희, 아니 유나가 아는 체를 했어요.
"이름을 바꾸는 건 쉬운 게 아니야.
법원에 서류도 내야 하고, 오래 기다려야 해."

이제 심봉사라고 놀리지 마.

내가 아는 형은 이름이 '나범인'인데, 친구들이 범인 잡아가라고 자꾸 놀려서 이름을 바꿀 거래.

하하하, 그 이름은 꼭 바꿔야겠다.

저녁에 준수는 고모한테 물었어요.
"고모, 정말 이름을 바꿀 수 있어요?"
"물론이지. 이름 때문에 평생 놀림 받는다면 얼마나 불행하겠니? 우리나라 헌법은 국민이 '행복하게 살 권리'를 보장하고 있단다."
'행복하게 살 권리'라는 말은 처음 듣는 말이었지만 왠지 준수의 마음에 와서 콕 박혔어요.

누릴 수 있는 권리, 지켜야 할 의무

"고모, 오늘은 체육 시간에 이어달리기를 했는데 정말 재미있었어요."
준수가 학교에서 있었던 일을 종알종알 얘기했어요.
"그랬구나! 준수가 학교에 다닐 수 있는 것은
헌법이 국민의 교육받을 권리를 지켜 주기 때문이야.

누구나 존중받으며 살 권리, 인권

준수는 미술 학원을 나서면서 저도 모르게 눈물이 핑 돌았어요.
하지만 꾹 참고 집으로 갔지요. 눈치 빠른 고모가 무슨 일이냐고 물었어요.
"괜찮아. 힘든 일이 있으면 고모한테 털어놓아도 돼."
고모의 다정한 목소리에 준수는 용기를 내 입을 열었어요.
"오늘 미술 학원에서 친구 얼굴 그리기를 했거든요. 그런데……."

"이제 어떡해요? 만날 지렁이라고 놀림받을 텐데……."
"준수야, 고모는 먼저 이 말을 해 주고 싶구나.
우리 모두는 존중받으며 살 권리가 있단다.
인간이라면 누구나 당연히 누려야 하지. 이 권리를 '인권'이라고 해."
"흉터 때문에 놀림을 받는다면 내 인권이 상처받는 거네요?"
"맞아. 준수가 움츠러들수록 준수의 인권이 더 상처받겠지?
이제 친구들에게 놀리지 말라고 당당히 말하렴."

친구를 아프게 하는 학교 폭력

"고모, 지금 당장 상우한테 편지를 써야겠어요."
"갑자기 무슨 편지야?"
"상우는 엄마 나라인 필리핀에서 살다 와서 우리말도 서툴고 피부도 까매요.
그래서 친구들이 상우를 놀이에 잘 끼워 주지 않아요. 저도 그랬고요.
제가 놀림을 받아 보니 상우 마음을 알 것 같아요.
상우한테 미안하다고 사과 편지를 쓰려고요."
고모는 마음이 한 뼘 자란 준수가
무척 대견했어요.

이런 행동도 학교 폭력이에요

우리 동네 법 대장, 나준수

고모가 새집으로 이사를 했어요.
준수네 가족은 휴지랑 세제를 사서 고모 집으로 갔어요.
"축하해요, 아가씨! 집이 아담하고 예쁘네요."
엄마가 고모에게 축하의 말을 건넸어요. 그때 혜수가 외쳤어요.
"와! 그 강아지다!"
셋이서 병원에 데려다 주었던 강아지가
꼬리를 살랑거리고 있었어요.
"오늘부터 고모랑 같이 살 거야.
금요일에 만나서 금순이라고 이름 지었어."

이미
우리 동네
법 대장이에요.

이제
고모가 준수한테
배워야겠는걸?

"고모, 동물등록제 알죠?
금순이를 잃어버려도 찾을 수 있게 등록을 꼭 해야 한다고요."
"오, 제법인데? 우리 준수, 동네 법 대장 해야겠는걸?"
고모 말을 기다렸다는 듯 엄마가 덧붙였어요.
"말도 마요. 벌써 동네에서 법 대장 나준수로 소문났다니까요."
그때 초인종이 울렸어요.
"짜장면 배달 왔습니다!"
"정의야, 짜장면 안 시켜 주면 내가 소송하려고 했다."
아빠의 말에 모두 한바탕 웃음을 터뜨렸답니다.

1단계 스스로 테스트 | 나는 법 대장일까요?

여러분은 규칙과 법을 잘 지키고 있나요? 아래 내용을 읽고 평소 나의 모습을 떠올려 내가 한 행동과 같으면 O에, 다르면 X에 표시하세요.
다음 쪽의 정답과 비교해 보고, 내 상태는 어떤지 결과를 확인하세요.

① 산이나 공원에 놀러 갔다가 쓰레기를 그냥 두고 온 적이 있다.

② 버스나 지하철 안에서 시끄럽게 떠들지 않는다.

③ 지하철 문이 닫히려 하면 재빨리 뛰어들어 탄다.

④ 에스컬레이터에서는 빠르게 걸어서 이동한다.

⑤ 횡단보도가 아닌 곳에서 길을 건넌 적이 있다.

⑥ 횡단보도에서 초록색 불이 켜지면 좌우를 살핀 다음 건넌다.

⑦ 자전거를 탈 때는 무릎 보호대와 헬멧 등 보호 장구를 착용한다.

⑧ 차에서는 어느 자리에 앉건 항상 안전띠를 맨다.

⑨ 공동 주택에 사는 친구 집에 놀러 갔을 때 잠깐 뛰어노는 것은 괜찮다.

⑩ 친구가 싫어하는 별명을 부르거나 따돌린 적이 있다.

⑪ 애완동물을 데리고 나갈 때는 목줄이나 배변 봉투 없이 간식만 챙기면 된다.

⑫ 동물에게 돌을 던지는 등 동물을 괴롭힌 적이 있다.

⑬ 엘리베이터에서 발을 구르거나 장난치지 않는다.

⑭ 줄을 서서 기다리기 싫어서 끼어든 적이 있다.

⑮ 교실이나 복도에 떨어져 있는 돈이나 물건을 가진 적이 있다.

여러분이 표시한 것과 아래 정답이 몇 개나 같은지 세어 보세요.

① X 쓰레기는 쓰레기통에 버려야 하는 거 알고 있죠? 특히 재활용 쓰레기는 분류해서 버리도록 해요.

② O 공공장소에서는 다른 사람을 배려해야 한답니다.

③ X 닫히는 지하철 문에 뛰어드는 것은 사고로 이어질 수 있는 아주 위험한 행동이에요. 여유를 가지고 기다렸다가 다음 지하철을 타도록 해요.

④ X 에스컬레이터에서 걷거나 뛰는 것은 위험해요. 가만히 서서 손잡이를 잡고 이용하세요.

⑤ X 아무 곳에서나 길을 건너는 것은 아주 위험해요.

⑥ O 신호를 위반한 차에 부딪힐 수 있으니 초록색 불이 켜진 후에도 좌우를 잘 살핀 다음 건너요.

⑦ O 자전거를 탈 때는 안전을 위해 보호 장구를 꼭 착용해요.

⑧ O 안전띠 착용은 우리의 안전을 지켜 주는 꼭 필요한 습관이에요.

⑨ X 아무리 잠깐이라도 이웃에게 불편을 끼치기보다는 밖에서 마음껏 뛰어노는 것이 좋겠죠?

⑩ X 친구가 나를 놀리거나 따돌린다면 정말 속상하겠지요? 사람은 누구든 존중받을 권리가 있어요.

⑪ X 모두의 안전을 위해 개의 목줄을 묶어야 하고, 배변 봉투도 꼭 챙겨요.

⑫ X 동물도 사람과 똑같이 소중한 생명이에요.

⑬ O 엘리베이터를 안전하게 이용하려면 장난을 쳐서는 안 돼요.

⑭ X 줄을 서 있는데 누가 내 앞에 끼어들면 기분이 어떨까요? 질서는 모두를 위해 지키는 것이랍니다.

⑮ X 떨어져 있는 물건과 돈도 원래 주인이 있기 때문에 선생님께 맡겨 주인을 찾아 주도록 해요. 내 것이 아닌 물건을 함부로 가지면 안 되겠지요?

내 상태는?

맞은 개수 11~15개
짝짝짝, 법 대장입니다. 앞으로도 법을 잘 지키는 멋진 어린이가 되어요.

맞은 개수 6~10개
조금만 더 법에 관심을 가진다면 법 대장이 될 수 있어요.

맞은 개수 0~5개
내 행동이 다른 사람에게 불편을 주고 있진 않은가요? 내 모습을 되돌아보아요.

> **2단계** 개념 확인 활동
법을 지키지 않는 사람은 누구일까요?

그림을 잘 보고, 법을 지키지 않고 있는 사람을 모두 찾아 X 표시하세요.

🙂 **개념 쏙쏙** 법은 꼭 지켜야 한다고 나라에서 정한 규칙이에요.
우리가 법을 잘 지킬수록 모두가 자유롭고 안전하게 살 수 있어요.

2단계 개념 확인 활동 법 퀴즈 미로 찾기

준수가 혜수가 있는 법 공원에 가려고 해요. 표지판의 설명을 보고 맞으면 O, 틀리면 X를 따라 가세요.

개념 쏙쏙 법은 사람들 사이의 다툼을 해결해 주고, 법을 어긴 사람은 벌을 받게 해 국민의 안전과 사회의 질서를 지켜 줘요.

2단계 개념 확인 활동 — 내가 생각하는 법은?

여러분은 법이 무엇이라고 생각하나요? 그 이유를 적고 그림으로도 표현해 보세요.

법은 _____ 다.

왜냐하면, _____

2단계 개념 확인 활동: 헌법이 지켜 주는 우리의 권리는?

헌법은 우리가 행복하고 인간답게 살 권리를 보호하고 있어요. 왼쪽의 내용이 헌법의 어떤 권리에 속하는지 엉킨 줄을 따라가 보세요.

- 나라에서 공사를 잘못해 집이 물에 잠겼어요. 나라에 손해 배상을 요청해요.
- 여덟 살이 되면 초등학교에 다닐 수 있어요.
- 방학 때 온 가족이 제주도로 놀러 갈 거예요.
- 장애인도 비장애인과 똑같은 권리를 누릴 수 있어요.
- 만 25세 이상이면 국회의원 후보로 나설 수 있어요.

사회권 교육을 받고, 일을 하고, 깨끗한 환경에서 살 권리가 있어요.

청구권 국민은 나라에 어떤 일을 해 달라고 요구할 수 있어요.

참정권 정치에 참여할 수 있어요.

평등권 차별받지 않을 권리가 있어요.

자유권 자유롭게 생각하고 행동할 수 있어요.

개념 쏙쏙 헌법에는 국민의 행복을 위해 '국민의 권리'가 정해져 있어요. 또한 나라를 유지하고 발전시키기 위해 '국민의 의무'도 정해져 있어요.

2단계 개념 확인 활동 법 용어 사다리 게임

준수와 친구들이 이 책에 나온 단어의 뜻을 설명하고 있어요. 사다리 타기를 해서 어떤 단어인지 확인하고, 따라 써 보세요.

'우리 가족 법'을 만들어요

법은 나라에만 있는 것이 아니에요. 우리 가족의 법, 우리 반의 법도 만들 수 있어요.

여러분도 가족과 함께 '우리 가족 법'을 만들어 보세요.

우리 가족 법

1.
2.
3.
4.
5.
6.

우리 가족 구성원 _____ 은(는)
(가족의 이름을 쓰세요.)

가족회의로 정한 우리 가족 법을 잘 지킬 것을 약속합니다.

　　　　　　　　　　　　　　　　년　　월　　일

4단계 개념 심화 학습: 왜 법을 대통령이 만들지 않을까요?

국회에서 국회의원들이 법을 만들어요. 대통령이 나랏일을 다 결정하면 되는 거 아니냐고요? 왜 대통령이 법을 만들지 않는지 함께 알아보아요.

4단계 개념 심화 학습: 어디에서 어떤 일을 할까요?

준수와 친구들이 국민을 위해 일하는 세 기관에 대해 이야기하고 있어요. 어떤 기관에 대한 설명인지 보기를 참고해 빈칸에 쓰세요.

보기: 정부, 국회, 법원

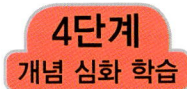

워크북 정답

53쪽

법을 지키지 않는 사람은 누구일까요?

54쪽

법 퀴즈 미로 찾기

56쪽

헌법이 지켜 주는 우리의 권리는?

57쪽

법 용어 사다리 게임

61쪽

교과서 개념 잡는 초등 사회그림책

법과 우리 생활

초판 1쇄 발행 2015년 9월 4일 | 초판 4쇄 발행 2021년 3월 22일

글 한국법교육센터 | 그림 임광희

펴낸곳 (주)가나문화콘텐츠 | 펴낸이 김남전

편집장 유다형 | 편집 이보라 | 구성 조경인 | 디자인 정란

마케팅 정상원 한웅 정용민 김건우 | 경영관리 임종열 김하은

출판등록 2002년 2월 15일 제10－2308호 | 주소 경기도 고양시 덕양구 호원길 3-2

전화 02－717－5494(편집부) 02－332－7755(관리부) | 팩스 02－324－9944

홈페이지 ganapub.com | 이메일 ganapub@naver.com

ISBN 978-89-5736-745-2 (74300)

978-89-5736-744-5 (세트)

*책값은 뒤표지에 표시되어 있습니다.
*이 책의 내용을 재사용하려면 반드시 저작권자와 (주)가나문화콘텐츠 양측의 동의를 얻어야 합니다.
*잘못된 책은 구입하신 서점에서 바꾸어 드립니다.
*'가나출판사'는 (주)가나문화콘텐츠의 출판 브랜드입니다.

「이 도서의 국립중앙도서관 출판시도서목록(CIP)은 서지정보유통지원시스템 홈페이지(http://seoji.nl.go.kr)와 국가자료공동목록시스템(http://www.nl.go.kr/kolisnet)에서 이용하실 수 있습니다.(CIP제어번호: CIP2015022918)」

이 책은 한국출판문화산업진흥원 2015년 우수출판콘텐츠 제작 지원 사업 선정작입니다.

- 제조자명 : (주)가나문화콘텐츠
- 주소 및 전화번호 : 경기도 고양시 덕양구 호원길 3-2 / 02-717-5494
- 인쇄일 : 2021년 3월 15일
- 제조국명 : 대한민국
- 사용연령 : 4세 이상 어린이 제품